ROBERTO BOMBASSEI

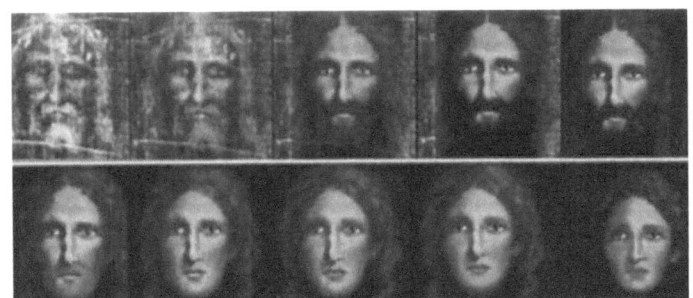

"IN VERITA' VI DICO"

TITOLO: "IN VERITA' VI DICO"

COPYRIGHT BY ROBERTO BOMBASSEI DICEMBRE 2020

VIETATA LA RIPRODUZIONE PARZIALE O TOTALE DEL TESTO SENZA AUTORIZZAZIONE SCRITTA DELL'AUTORE

Questo libro è un'opera di fantasia.

Personaggi e luoghi citati sono invenzioni dell'Autore e hanno lo scopo di conferire veridicità alla narrazione.

Qualsiasi analogia con fatti, luoghi e persone, vive o scomparse,

è assolutamente casuale.

A Joseph Ratzinger

"IN VERITA' VI DICO"

*"Ed ecco la stella,
che i Re Magi avevano visto nel suo sorgere,
lì precedeva,
finché giunse e si fermò
sopra il luogo
dove si trovava il bambino".*

CAPITOLO UNO

VEDERE

Giunsi a Gerico per cercarlo. Lo volevo assolutamente vedere, volevo assolutamente conoscere chi fosse.

Mi ritrovai con gli occhi accecati a causa della folla, veramente tanta gente. Così, non essendo molto alto, feci una corsa in avanti e salii su un albero che si trovava lì davanti a me. Era un acero.

Mi accostai lì, su un ramo, e poi ne salii un altro per vederlo meglio, avevo il cuore carico di domande e sete di risposte, Lui stava per passare.

Veniva considerato per quei tempi un uomo dotato di straordinario potere. Veniva definito dalla gente come il profeta di verità e i suoi seguaci, i discepoli, lo chiamavano Figlio di Dio.

Dicevano che risuscitava i morti e che guariva le malattie. Non ci avevo mai creduto, ma il mio innato interesse mi portava a non giudicare.

Appostato sul ramo che mi ero scelto, il più alto dell'acero, lo vidi arrivare.

Lo osservavo.

Era uomo dalla statura alta e ben proporzionata, dallo sguardo improntato a severità. La statura del suo corpo era alta e diritta, le mani e le braccia graziose alla vista.

Lo guardavano tutti con amore ma anche con rispetto, quasi paura.

Vestiva poi, secondo i riti, portando il classico mantello con le frange. La folla lo pregava di potergli toccare almeno la frangia del mantello.

I suoi capelli avevano il colore delle noci di Sorrento molto mature e discendevano dritti, quasi fino alle orecchie. Dalle orecchie in poi erano increspati e portava ricci alquanto più chiari e lucenti, ondeggianti sulle spalle. Nel mezzo aveva una riga secondo il costume dei nazareni. La sua fronte era liscia e serenissima, il viso non aveva né rughe né macchie, ed era abbellito da un moderato rossore. Il naso e la bocca erano perfettamente regolari. Aveva barba abbondante dello stesso colore dei capelli: non era lunga e sul mento era biforcuta. Il suo aspetto era semplice e maturo.

Lo osservavo mentre parlava. Era terribile quando rimprovera, accarezzevole e amabile quando insegnava, gioviale pur conservando la gravità.

Si mise a pregare in silenzio e con lui, i suoi discepoli.

"Non è un uomo che Parla" – pensai – *"parla poco, con misurazione"*.

Lo osservavo. Non aveva mai riso, neanche una volta.

All'improvviso, i suoi occhi incrociarono i miei. *"Che occhi azzurri, vivaci e brillanti"* – pensai.

Mi fece un cenno.

"A me?". Sì, a me. Mi disse di scendere dal ramo dell'acero e di raggiungerlo.

La folla che lo circondava, all'improvviso, si girò tutta verso di me e, mentre stavo scendendo dall'acero, si aprì a metà, lasciandomi avvicinare a Lui.

Mi fece cenno di seguirlo. Girando le spalle alla folla, io lo seguii.

C'era un tronco di un altro acero, lì per terra sulla strada. Si sedette e mi fece segno di sedermi vicino a lui. E, guardandomi negli occhi, iniziò a parlarmi.

"Mi chiamano Rabbi, per qualcuno, il Messia. Rabbi è per me e per la mia famiglia fonte di orgoglio. Sono stato istruito per questo. Vivo come voglio vivere. Da ebreo. Fino alla fine. Ma tu, Viaggiatore del tempo, lo sai già".

CAPITOLO DUE
LA PAROLA

"Sei venuto da Me, Viaggiatore del tempo, per sapere la verità. In verità ti dico: quello che tu sai non è verità. Io sono nato e per questo sono venuto nel mondo: per rendere testimonianza alla verità. Chiunque è dalla verità, ascolta la mia voce"

Parlava aramaico e siccome l'avevo studiato, capivo le sue brevi ma intense parole.

L'alfabeto aramaico, lingua persiana antichissima era diventata la lingua parlata in

Palestina dagli Ebrei, mentre l'ebraico esisteva allo stato di lingua religiosa ed erudita. E quando nelle Sinagoghe palestinesi si procedeva alla lettura della Torah, ogni versetto letto in ebraico veniva subito tradotto in aramaico.

Ma mi accorsi, mentre parlava, che pronunciava anche l'ebraico e il greco, o meglio sarebbe dire la Koinè, antichissima lingua dialettale di derivazione greca, diffusa in tutto il mediterraneo nel I secolo d.C. Questa lingua, conosciuta anche come "Greco Alessandrino" o "Greco

Ellenistico", era la lingua che Alessandro Magno portò nei territori da lui conquistati, cioè tutto il mondo conosciuto di allora. E' anche chiamata "Greco del Nuovo Testamento" o "Greco Biblico", in quanto fu utilizzata per le prime traduzioni dei testi cristiani dall'aramaico, eventualità che contribuì alla diffusione del cristianesimo.

"Ho imparato la lingua Koinè a Siffori, quando soggiornai con mio padre e la mia famiglia per motivi di lavoro. Mio padre Giuseppe era "téktōn", un carpentiere..."

Mi vennero in mente le parole del Vangelo: "Da dove mai viene a costui questa sapienza e questi miracoli? Non è egli forse il figlio del carpentiere?" e poi : "Non è costui il carpentiere, il figlio di Maria?". E mentre mi osservava, ricordai che Giuseppe, suo padre salutò così Maria, sua madre: "Ti lascio nella mia casa e me ne vado a eseguire le mie costruzioni".

"Prima della mia nascita, andavano tutti a farsi registrare, ciascuno nella sua città. Anche mio padre con mia madre, che era incinta, partì dalla città di Nazareth dalla Galilea, fino in

Giudea, raggiunsero una città chiamata Betlemme, per farsi registrare, fu poi mio padre da solo ad aiutare mia madre a farmi nascere, poi prese lei e me e scappò in Egitto, perché Erode voleva uccidermi temendo che potessi essere la figura regale neonata, che l'avrebbe detronizzato. Infine dopo la morte di Erode, Giuseppe, mio padre, ci riportò di nuovo a Nazareth, affinché fosse adempiuta la seguente profezia di Osea: "Dall'Egitto ho chiamato mio figlio". Egli dunque, compì una serie di azioni di grande importanza. "

"Dove è nato?"

"Nacqui a Nazareth, un borgo con così poche case, nella data intorno al vostro Natale. Venni circonciso all'ottavo giorno dalla mia nascita."

Il termine Natale proviene dal latino *"Natalis",* che significa "attinente alla nascita". Aureliano consacrò il tempio del *"Sol Invictus"* il 25 dicembre 274, in una festa chiamata *"Dies natalis Solis Invicti"*, ovvero "Giorno di nascita del Sole Invitto", facendo del "Dio

Sole" la principale divinità del suo impero ed indossando egli stesso una corona a raggi. Questa festa divenne sempre più importante, fino a quando Costantino, con un decreto del 7 marzo del 321, la definì il "Giorno del Sole" ("Die Solis") e la inserì come giornata dedicata al riposo: *"Nel venerabile giorno del Sole, si riposino i magistrati e gli abitanti delle città e si lascino chiusi tutti i negozi"*. Nel 330 sempre Costantino, decretò per la prima volta il festeggiamento cristiano della nascita di Gesù e lo fece coincidere proprio con la festività pagana del

"Sol Invictus". Il "Natale Invitto" divenne così il "Natale Cristiano".
"Si, nacqui proprio nella notte fra il 24 ed il 25 Dicembre."
"Tra il bue e l'asinello e poi vennero i Re Magi, giusto?"

Feci questa affermazione perché ricordai che solo due Vangeli Canonici parlano della nascita di Gesù: sono quelli di Matteo (ebreo) e di Luca (pagano). Gli altri due Vangeli (Marco e Giovanni, ambedue ebrei) iniziano con Gesù che ha circa 30 anni.
I due Vangeli indicati che parlano della nascita di Gesù, si limitano a

dire che fu posto in una "mangiatoia", ma non dicono se questa fosse in una grotta oppure in una capanna, come vuole la tradizione popolare. In quell'epoca però molte case furono costruite a ridosso di grotte adibite a magazzino e avevano al pianterreno la stalla con una mangiatoia, che era l'ambiente più caldo.

"Mia madre Maria uscì dalla grotta ed entrò in una stalla, ponendomi nella mangiatoia: ed il bue e l'asino iniziarono ad adorarmi".

"Infatti, pensavo proprio a questo. Ma non solo. Il bue e l'asinello non appaiono mai nei Vangeli Canonici (quelli approvati dalla Chiesa), appaiono invece esclusivamente in un "Vangelo apocrifo", scomunicato
dalla Chiesa nel 325 d.C. "

"In verità ti dico: Ho allevato e fatto crescere figli, ma essi si sono ribellati contro di me. Il bue conosce il suo proprietario e l'asino la greppia del suo padrone, ma Israele non conosce, il mio popolo non comprende". Questa è la parola del Profeta Isaia nella torah.

Le prime persone che si presentarono per conoscere il figlio di Maria furono dei pastori. E poi arrivarono dei Magi."

"Alcuni Magi giunsero da oriente a Gerusalemme e domandavano: "Dov'è il Re dei Giudei che è nato?" Le scritture si limitano a parlare di 'alcuni' Magi, ma non ci dicono che erano tre... "

"I re Magi erano tre fratelli: il primo Melkon, regnava sui persiani, il secondo, Balthasar, regnava sugli indiani, e il terzo, Gaspar, possedeva il paese degli

arabi. Essendosi uniti insieme per ordine di Dio, arrivarono nel momento in cui la vergine diveniva madre. Dei Magi vennero a Gerusalemme, come aveva predetto Zarathustra, portando con sé dei doni. Erano dunque sacerdoti, cioè uomini di preghiera."

"Erano uomini di preghiera..." Mi ricordai, mentre ripetevo le sue ultime parole, che Marco Polo nel suo 'Il Milione' afferma di aver visitato le tombe dei Magi nella città di Saba, a sud di Teheran, intorno al 1270:

"In Persia è la città ch'è chiamata Saba, da la quale si partiro li tre Re ch'andaro adorare Dio quando nacque. In quella città son seppeliti gli tre Magi in una bella sepoltura, e sonvi ancora tutti interi con barba e co' capegli: l'uno ebbe nome Beltasar, l'altro Gaspar, lo terzo Melquior. Messer Marco dimandò più volte in quella cittade di quegli III re: niuno gliene seppe dire nulla, se non che erano III re seppelliti anticamente".

"Mi parli di sua madre"

"Mia madre, come tutte le madri del mondo, è stata fin da subito la persona più importante della mia vita. Lei era un Almah, non una Betullah".

"Quindi nacque a Nazareth, non a Betlemme?"
"L'erroneo concetto che hai tu, viaggiatore del tempo, è che il mio nome debba essere collegato a Nazareth.

Mentre parlava, dal palazzo della mia memoria mi venne in mente che egli veniva identificato come "il Nazareno" in virtù del lungo periodo – si sostiene - passato a Nazareth. *"Ma non è allora così"*.

"Si, non è così...il termine "Nazareno" deriva non dal fatto che provenissi da Nazareth, bensì dal fatto che fossi un "nazireo", ovvero che da adolescente aderii al voto di "Nazireato".

"Stavo proprio pensando questo..." -gli risposi - "Nazareth non è mai citata nell'Antico Testamento, non è citata neanche da Giuseppe Flavio, all'epoca comandante delle forze giudaiche che, verso la

seconda metà del primo secolo, realizzò una "mappa topografica" molto dettagliata di tutta la Galilea.
Dunque Lei non poteva essere associato a Nazareth, ma aveva fatto voto del nazierato".

"Si, era uno specifico voto – normalmente temporaneo –di consacrazione a Dio, previsto dalla Bibbia, che comportava – fra gli altri - l'obbligo di seguire alcuni precetti di vita particolarmente rigidi, fra i quali non bere vino e lasciarsi crescere i capelli. La Torah in verità dice che: "Quando

un uomo o una donna farà un voto speciale, il Voto di Nazireato, per consacrarsi al Signore, si asterrà dal vino e dalle bevande inebrianti. Per tutto il tempo del suo Voto di Nazireato il rasoio non passerà sul suo capo; finché non siano compiuti i giorni per i quali si è consacrato al Signore, sarà santo; si lascerà crescere la capigliatura". E poi: *"Per tutto il tempo in cui rimane consacrato al Signore, non si avvicinerà a un cadavere; si trattasse anche di suo padre, di sua madre, di suo fratello e di sua sorella, non si contaminerà quindi per loro alla* loro morte, perché porta sul capo il segno della sua consacrazione a Dio. Ricordati, viaggiatore del tempo, che io sono nato da una famiglia ebrea e sono stato educato secondo i loro precetti..."

"Ma se non ha vissuto buona parte della sua vita a Nazareth, dove ha vissuto?" - gli chiesi - "Molte sono le ipotesi che sono state formulate..."

"A Gàmala."

Gàmala (in ebraico: גמלא) fu la principale città del Golan dall'81 a.C. al 67 d.C., quando fu distrutta dai Romani nel corso della prima guerra giudaica.

Gàmala era nella Gaulatide (Gaulonitis), a nord est della Galilea, ne aveva

parlato Giuseppe Flavio, descrivendola così: *"Da un'alta montagna si protende uno sperone dirupato il quale nel mezzo s'innalza in una gobba che dalla sommità declina con uguale pendio sia davanti sia di dietro, tanto da rassomigliare al profilo di un cammello. Da questo trae il nome. Sui fianchi e di fronte termina in burroni impraticabili mentre è un po' accessibile di dietro, dove è come appesa alla montagna. Gàmala è situata dirimpetto a Tarichee, dall'altra parte del Lago di Tiberiade".*

"Finalmente il tuo popolo moderno, Viaggiatore del tempo, l'ha trovata"

Aveva ragione, di Gàmala fino a cinquant'anni fa non c'era traccia. Fu infatti solo alla fine degli anni '60/inizi anni '70 che furono casualmente trovate le sue rovine al termine della Guerra del Golan, e quelle rovine avevano proprio con le caratteristiche descritte da Giuseppe Flavio. Nei pressi delle mura era stata trovata la sinagoga della città, a pianta rettangolare (25.5 x 17 m) e orientata verso Gerusalemme. Lungo le pareti della Sinagoga di Gamala erano presenti gradini in pietra utilizzati come sedili e piloni che sorreggevano il tetto. E poco lontano è stato rinvenuto il Mikve, ovvero il bagno rituale ebraico. Il nome Gamala significa "cammello", e deriva proprio dal fatto che è situata su una collina a forma di gobba di cammello. La città fu fondata da Alessandro Ianneo (Asmoreo) nell'81 a.C.

"Alcuni nostri storici dicevano questo, che lei fosse vissuto a Gamala "
"Lì a Gamala c'era un importante sinagoga, ed è lì che incontrai il mio futuro."
"In che senso?"

"Entrai a far parte della comunità degli Esseni".

CAPITOLO TERZO
ESSERE ESSENO

Giuseppe Flavio (in "Guerra Giudaica" - 75 d.C.) scrisse sulla comunità essena quanto segue.

"Le persone che praticano questo genere di vita sono più di quattromila. Essi non costituiscono un'unica città, ma in ogni città ne convivono molti. Quando arrivano degli appartenenti alla setta da un altro paese, essi gli mettono a disposizione tutto ciò che hanno come se fosse proprietà loro, e

quelli s'introducono presso persone mai viste prima come se fossero amici di vecchia data. In ogni città viene eletto dall'ordine degli Esseni un curatore dei forestieri, che provvede alle vesti ed al mantenimento. Fra loro nulla comprano o vendono, ma ognuno dà quanto ha a chi ne ha bisogno e ne riceve ciò di cui ha bisogno lui. Quando viaggiano, non portano seco assolutamente nulla, salvo le armi contro i briganti". Sono legati da mutuo amore più strettamente degli altri.

Respingono i piaceri come un male, mentre considerano virtù la temperanza e il non cedere alle passioni. Non è che condannino in assoluto il matrimonio e l'aver figli, ma si difendono dalla lascivia delle donne".

Non curano la ricchezza ed è mirabile il modo come attuano la comunità dei beni, giacché è impossibile trovare presso di loro uno che possegga più degli altri. Osservare la giustizia verso gli uomini, combattere sempre gli ingiusti e aiutare i giusti. Tutto ciò che essi dicono vale più di un giuramento, ma si astengono dal giurare considerandolo cosa peggiore che lo spergiurare. Per la cura delle malattie essi studiano le radici medicamentose e le proprietà delle pietre. Salda è la credenza che mentre i corpi sono corruttibili, e non durano gli elementi di cui sono composti, invece le anime immortali vivono in eterno.

Essi ritengono che alle anime buone è riservato di vivere al di là dell'oceano in un luogo che non è molestato né dalla pioggia né dalla neve né dalla calura, ma ricreato da un soave zefiro che spira sempre dall'oceano. In primo luogo ammettono che le anime sono immortali, e poi si spingono alla virtù e si ritraggono dal vizio. Ritengono infatti che i buoni durante la vita diventino migliori per la speranza di ricevere un premio anche dopo la morte. Le anime cattive finiscono in un antro buio e tempestoso, pieno di supplizi senza fine". Vi sono poi in mezzo a loro quelli che si dichiarano capaci anche di prevedere il futuro, esercitati fin da ragazzi nella lettura dei libri sacri, in varie forme di purificazione e nelle sentenze dei profeti. E' raro che falliscano nelle predizioni. La dottrina degli Esseni è di lasciare ogni cosa nelle mani di Dio. Essi usano il termine "molti" per indicare tutta la Comunità, "tutti". Gli esseni mantengono i loro averi in comune, sia chi è ricco più degli altri, sia chi non possiede nulla. Né tengono schiavi perché ritengono che la pratica di quest'ultima abitudine favorisca l'ingiustizia. Svolgono scambievolmente i servizi l'uno dell'altro".

Attesi la sua parola che non tardò ad arrivare.

"Entrando in questa comunità, a dodici anni, iniziò il mio percorso, la mia educazione secondo l'usanza. Crescevo in sapienza, età e grazia davanti a Dio. Quando fu sabato, incominciai ad insegnare nella Sinagoga, molti di quelli che mi ascoltavano si meravigliavano e dicevano: dove ha imparato tutte queste cose?" Silenziò un attimo e poi aggiunse *"Imparai tutto a Damasco"*

"Damasco?"

"Si, Damasco. All'epoca era una città importantissima, con una forte presenza ebraica, essendo

peraltro una città di origine semitica (da Sem, figlio di Noè). Era in posizione nodale per le comunicazioni terrestri fra Mediterraneo e Vicino Oriente, Damasco ha sempre svolto importanti funzioni commerciali. Notevoli erano le attività sia amministrative che culturali. quando fui pronto, ritornai in Galilea con la potenza dello Spirito. Insegnavo nelle loro sinagoghe e mi rendevano lode".

CAPITOLO QUARTO
SOLO IN QUEL MOMENTO

"Anche Giovanni Battista, a quanto ricordo, era esseno"

"Si, era mio cugino. Ma essendo io a Damasco e lui a Qumran, a sud della Palestina, sul Mar Morto, distanti quasi trecento chilometri, non ci incontrammo mai. Fino a quando non andai a trovarlo per farmi battezzare "

Giovanni portava un vestito di peli di cammello e una cintura di pelle attorno ai fianchi". Girovagava per il deserto in stato di assoluta povertà, il suo cibo erano locuste e miele selvatico. Giovanni si era ritirato nel deserto e

predicava l'imminente fine dei tempi (la Parusia).
"Convertitevi, perché il regno dei cieli è vicino". praticava il battesimo (per immersione) di purificazione. "E confessando i loro peccati, si facevano battezzare da lui nel fiume Giordano.

"Mio cugino mi vide per la prima volta sul fiume Giordano io non lo conoscevo, non c'eravamo mai incontrati ma proprio lì, sul fiume Giordano, a noi sacro, mi battezzò. Era venuto il momento per me, di iniziare la mia predicazione."

"E, uscendo dall'acqua, vide aprirsi i cieli e lo Spirito discendere su di lei, come una colomba. E si sentì una voce dal cielo: tu sei il Figlio mio prediletto, in te mi sono compiaciuto"

"Questo è quello che hanno scritto...."

Nella mia testa iniziai a fare un ragionamento per capire. La parola "battesimo" proviene dal greco "βαπτισμός" e significa "immersione". E' un rito antichissimo con il quale una persona che voleva entrare a far parte di una comunità o di una setta religiosa, dopo una iniziazione tramite un periodo di preparazione, veniva immerso in una vasca contenente acqua, che "simbolicamente" lo purificava e lo rendeva quindi idoneo.

"Ricordati Viaggiatore del tempo che io sono un esseno."
"Già. La regola della "purificazione".

"Ciascuno di loro (gli esseni) può esercitare il mestiere nel quale è specializzato e nel quale lavora con diligenza fino alla quinta ora (intorno alle 11 di mattina). Dopo la quale si riuniscono insieme di nuovo in uno luogo e vestitisi in tessuto bianco, si bagnano in acqua fredda. E terminato il rito di purificazione, si incontrano insieme in un loro appartamento, nel quale non è permesso ad altre sette o a chiunque altro, entrare".

"Dunque sul fiume avvenne la sua …"

"*Il Giordano era "il fiume sacro", vera e propria fonte di vita, anzi, simbolo stesso della vita, e lì era il posto giusto per il rito ancestrale dell'immersione… avevo trent'anni, l'età giusta per iniziare la mia predicazione*".

CAPITOLO QUINTO
ENTRANDO AL TEMPIO

"Or la Pasqua, la Festa dei Giudei, era vicina".

"Partimmo verso Gerusalemme e mi trovai, secondo la tradizione ebraica, in mezzo alla fiera del bestiame, condotto a Gerusalemme dalle colline circostanti ed alle spezie portate dalle carovane fin dalla Mesopotamia. I pellegrini che venivano ospitati da famiglie del luogo, consumavano nelle case la cena. Tutti gli altri per

strada, nelle piazze od in campagna. Quando scendeva la sera migliaia di agnelli venivano arrostiti nei cortili delle case, nelle vie, intorno alle tende. Mangiavamo tutti insieme, ricchi e poveri, uomini e donne, servi e padroni, mentre si mesceva acqua e vino, pane azzimo ed erba amara."

Era la Pasqua Ebraica. Si chiama "Pesach", che significa "passaggio" ed in Israele durava 7 giorni. La Pasqua ebraica veniva celebrata tutti gli anni per ricordare la notte in cui l'Angelo Sterminatore passò sull'Egitto, uccidendo tutti i suoi primogeniti, uomini e animali.

Era la decima piaga, quella che dette il colpo di grazia all'ottusa chiusura del faraone e lo costrinse a lasciar andare gli ebrei per la loro strada. Era l'inizio della loro liberazione. Fu istituita da Mosè.

"Mi ricordo che Giuseppe Flavio sottolineò la dimensione di grande festa popolare, che radunava folle immense in Gerusalemme. Egli stimò che il numero dei giudei saliti a Gerusalemme per l'ultima Pasqua al tempo di Nerone fosse di circa 2.500.000. Il numero viene ottenuto moltiplicando per 10 commensali i 255.600 agnelli immolati in quell'anno. Alla cifra di 2.500.000 persone vanno aggiunti coloro ai quali era vietato partecipare al banchetto pasquale, quali lebbrosi, gonorroici, donne mestruate".

"La Pasqua Ebraica si celebra al tramonto del 14^ giorno del mese di Nissan del calendario Ebraico, dunque con l'arrivo del 15 di Nissan, come stabilito dalla Torah. Ma io non feci in tempo a celebrarla."

"Cosa successe?"

"Prima della festa di Pasqua, sapendo che era giunta la mia ora di passare da questo mondo al Padre, avendo amato i suoi che erano nel mondo - li amai anch'io sino alla fine".

"Quindi per lei quella cena non era il "Seder", bensì una riunione preparatoria in vista del Seder di Pesach, giusto? "

"Era la preparazione alla Pasqua".
"l'Ultima Cena non fu dunque la "Cena Pasquale?"".
"No, perché il 14 di Nissàn c'era il "digiuno dei Primogeniti". I primogeniti usavano infatti digiunare, in ricordo della morte dei primogeniti d'Egitto.

Essendo Io un "primogenito" ho digiunato.

ho celebrato la Pasqua con i miei discepoli secondo il calendario di Qumran, un giorno prima e l'ho celebrata senza agnello, come la comunità di Qumran richiede perché non riconosceva il tempio di Erode ed era in attesa del nuovo tempio.

Si, era la preparazione della Pasqua"

"Quindi che giorno era? Cosa successe?"

"Era mercoledì, dalle 18 alle sei del mattino. Ma nella notte poi venni arrestato, processato nella mattinata del giovedì che era l'unico giorno, dopo il lunedì in cui si potevano fare i processi, e poi condannato a morte tramite crocifissione. All'ora nona, che corrispondeva alle 15 del pomeriggio del giovedì mi considerarono deceduto."

"Gridasti a gran voce: *Elì, Elì, lama sabactanì?* Cioè...Dio mio, Dio

mio, perché mi hai abbandonato?".

"Nessuno l'ha mai udito. Lì non c'era nessuno."

Mi fermai a riflettere.

Nella lettura dal Libro dell'Esodo viene descritta la celebrazione della Pasqua di Israele così come nella Legge mosaica aveva trovato la sua forma vincolante. Questa cena aveva molteplici significati, Lui la celebrò con i suoi la sera prima della sua Passione.

Nei racconti degli evangelisti esiste un'apparente contraddizione tra il Vangelo di Giovanni, da una parte, e ciò che, dall'altra, ci comunicano Matteo, Marco e Luca. Secondo Giovanni, Egli morì sulla croce precisamente nel momento in cui, nel Tempio, venivano immolati gli agnelli pasquali. La sua morte e il sacrificio degli agnelli coincidono. Ciò significa, però, che Egli morì alla vigilia della Pasqua e quindi non poté personalmente celebrare la cena pasquale – questo, almeno, è ciò che appare.

Secondo i tre Vangeli sinottici, invece, l'Ultima Cena di Gesù fu una cena pasquale, nella cui forma tradizionale Egli inserì la novità del dono del suo corpo e del suo sangue. Questa contraddizione fino a qualche anno fa sembrava insolubile.

La scoperta degli scritti di Qumran ci ha nel frattempo condotto ad una possibile soluzione convincente. Egli ha celebrato la Pasqua con i suoi discepoli probabilmente secondo il calendario di Qumran, quindi almeno un giorno prima e l'ha celebrata senza agnello, come la comunità di Qumran, che non riconosceva il tempio di Erode ed era in attesa del nuovo tempio. La giornata per gli ebrei si sviluppava da tramonto a tramonto, cioè da sera (ore 18 circa) a sera, nel rispetto della Torah, che così si era espressa: "Il nono giorno del mese, dalla sera alla sera seguente, celebrerete il vostro sabato".

L'unica scansione temporale possibile affinché si avverasse quanto aveva Egli detto, ovvero che sarebbe risorto dopo 3 giorni, sarebbe stata questa:
- da mercoledì alle 18 a giovedì alle 6 del mattino = una notte / arresto

- da giovedì alle 6 a giovedì alle 18 sera = un giorno processo-crocifissione-sepoltura
- da giovedì alle 18 a venerdì 6 mattino = una notte
- da venerdì alle 6 a venerdì alle 18 = un giorno
- da venerdì alle 18 a sabato alle 6 = una notte
- da sabato alle 6 a sabato sera = un giorno
- domenica: primo giorno della settimana ebraica scoperta del sepolcro vuoto nel 3^ giorno.

"Le sue parole avevano ora un senso."

CAPITOLO SESTO
LA FINE

"Erano le nove del mattino quando lo crocifissero. Venuto mezzogiorno, si fece buio su tutta la terra, fino alle tre del pomeriggio. Uno corse a inzuppare di aceto una spugna e, postala su una canna, gli dava da bere, ma dando un forte grido, spirò".

Circa 2000 anni fa (si ritiene nell'aprile del 30 d.C.), una notizia sensazionale sconvolse d'improvviso gli abitanti di Gerusalemme che stavano festeggiando la Pesach, la Pasqua ebraica: si diffuse rapidamente in tutta la Palestina: un uomo – un ebreo - condannato alla croce, era risorto.

"Come dissi all'inizio in verità ti dico: quello che sapete voi non corrisponde a verità. Per me, per la mia famiglia dire o far dire una cosa del genere era una vera e propria blasfemia, non esiste blasfemia più grande per un ebreo che quella di dichiarare che un uomo fosse morto e risorto a vita eterna. Non aveva precedenti nel giudaismo!"

"Ma ... è davvero morto sulla croce? "

"in verità ti dico: fui ancora vivo. Erano le nove del mattino quando mi crocifissero. Venuto mezzogiorno, si fece buio su tutta la terra, fino alle tre del pomeriggio.

"Uno dei soldati mi punse il fianco con una lancia, facendo zampillare dell'acqua e sangue. ricordati che ero e sono ebreo esseno. il corpo, fatto di odio, violenza, vendetta, sopraffazione e crudeltà, lo lascio inchiodato su quella croce, *in quanto zavorra. In verità ti dico: "Il nostro uomo vecchio è stato crocefisso insieme con me".*

"Quindi lei intende "resurrezione" la ricerca in noi di un "uomo nuovo". Un uomo proiettato verso il futuro, che abbandona metaforicamente il suo "vecchio involucro"?"

""Il cielo e la terra passeranno, ma le mie parole non passeranno. Questo è il concetto per molti, ma non è rivolto a tutti!"

"Per chi è stato versato il suo sangue? Quindi, per chi lei è morto? Per la remissione dei peccati di "tutti", oppure per la remissione solo di "molti?".

"In verità ti dico: nella seduta dei Molti nessuno proferisca alcuna parola senza il gradimento dei Molti, né di colui che fa da ispettore dei Molti. E dopo, quando entra per stare di fronte ai Molti, saranno interrogati tutti riguardo alle sue affermazioni. E a seconda del risultato della votazione nel

consiglio dei Molti, sarà incorporato o allontanato. Ti ho detto questo per ricordare a Tutti che Io sono esseno".

CAPITOLO SETTIMO
GIACOMO

*"Ma Lei disse **"Tu sei Pietro e su questa pietra edificherò la mia chiesa"**?"*

*"Io dissi **"Tu Pietro sei una pietra instabile** e su **questa roccia stabile** edificherò la mia assemblea ".* L'avevo detto chiaramente che non intendevo fondare una nuova religione e che il farlo sarebbe stato blasfemo".*

"Ma chi sarà il vero suo successore?"

"Sarà Giacomo il Giusto, mio fratello. Sarà lui a portare avanti la mia parola che poi è anche la sua, essendo con me cresciuto nella comunità essena.
Sarà Lui il capo della prima comunità. Giacomo ha trascorso tutta la sua vita a Gerusalemme. Attraverso la predicazione e l'esempio della sua vita è riuscito a far convertire migliaia di giudei. Molte

delle cose scritte su di me verranno dalle sue predicazioni, che poi sono anche le mie."
Mi ricordai alcune frasi.
"Degli Apostoli non vidi nessun altro, se non Giacomo, il fratello del Signore". anche Giuseppe Flavio (37 – 100) è testimone della sua presenza. E ci racconta che Giacomo il Giusto fu ucciso nel lasso di tempo fra il governo di due procuratori di Roma, cioè, nel periodo in cui il potere era stato affidato al Sommo Sacer-

dote Anna, verso il 62 d.C. Ed anche Origene (184 – 253) ne parla. Da notare infine che la lettera di Giacomo il Giusto (50 d.C. circa), con la quale contesta le tesi di Paolo di Tarso, è inserita nel Canone della Chiesa.

"Ricordati caro Viaggiatore del tempo che "L'uomo è giustificato per le opere della legge, non soltanto per mezzo della fede in Gesù Cristo".

Ebbi un contraccolpo. Sapete perché? Perché Paolo di Tarso predicava esattamente l'opposto.

"Non son venuto per abolire, ma per dare compimento. Ricorda Viaggiatore del tempo: tutto ciò che riguarda la mia morte e quello che è stato scritto non corrisponderà a verità. In verità ti dico: la figura che venerate nel tuo futuro non sono io, ma un misto tra me, mio fratello Giacomo e le intuizioni politiche verso i Gentili di Paolo di Tarso. La mia parola è stata trasformata per abbracciare tutto il mondo

pagano e non solo ebreo, quale io ero, sono e sarò per sempre. Ecco: io vi mando come pecore in mezzo ai lupi; siate dunque prudenti come i serpenti e semplici come le colombe. Guardatevi dagli uomini, perché vi consegneranno ai loro tribunali e vi flagelleranno nelle loro sinagoghe. sarete condotti davanti ai governatori e ai re per causa mia, per dare testimonianza a loro e ai pagani. E quando vi consegneranno nelle loro mani, non preoccupatevi di come o di che cosa dovrete dire, perché vi sarà suggerito in quel momento ciò che dovrete dire: non siete infatti voi a parlare, ma è lo Spirito del Padre vostro che parla in voi."

CAPITOLO OTTAVO
PRIMA DI ANDARE

"Non angustiatevi in nulla, ma in ogni necessità con la supplica e con la preghiera di ringraziamento, manifestate le vostre richieste a Dio. Quando pregate, non siate simili agli ipocriti che amano pregare stando ritti nelle sinagoghe e negli angoli delle piazze, per essere visti dagli uomini. Tu invece, quando preghi, entra nella tua camera e, chiusa

la porta, prega il Padre tuo nel segreto. E il Padre tuo, che vede nel segreto, ti ricompenserà. Pregando poi, non sprecate parole come i pagani, i quali credono di venire ascoltati a forza di parole. Non siate dunque come loro, perché il Padre vostro sa di quali cose avete bisogno ancor prima che gliele chiediate".

Mi chiese di pregare con Lui. Suggerì una preghiera da lui impostata, che sintetizzava il complesso impianto di preghiere ebraiche che si chiama Tefilláh, preghiera in grado di essere recitata anche dagli illetterati e dalla povera gente, che Lui prediligeva frequentare.

"Questa preghiera, fra le più antiche, veniva recitata dagli ebrei devoti in lingua aramaica"- mi disse.

Ci inginocchiammo e con lo sguardo verso l'alto e le braccia aperte, iniziò a recitare.

*"Padre nostro che sei nei cieli:
Sia santificato il tuo nome:
Venga il tuo regno:
Sia fatta la tua volontà, così in cielo come in terra:
Dacci oggi il nostro pane quotidiano:
Rimetti a noi i nostri debiti, come noi li rimettiamo ai nostri debitori:
E non metterci alla prova con la tentazione:
Ma liberaci dal male:
Amen"*

Rimasi un pò sconcertato. La conoscevo ma c'era quella frase che era cambiata. Ma Lui, mi anticipò.

"Ricordati, Viaggiatore del tempo, che tentazione è una "prova di fede". In verità ti dico: Dio mise alla prova Abramo e gli disse: Abramo! Rispose: eccomi. Riprese: prendi tuo figlio, il tuo unigenito che ami, Isacco, va nel territorio di Moria e offrilo in olocausto su di un monte che io ti indicherò". E così Abramo fece. Ma le Sacre Scritture parlano spesso della messa alla prova: "Fratelli

miei, considerate una grande gioia quando venite a trovarvi in prove svariate, sapendo che la prova della vostra fede produce costanza. E la costanza compia pienamente l'opera sua in voi, perché siate perfetti e completi, di nulla mancanti. Beato l'uomo che sopporta la prova, perché, dopo averla superata, riceverà la corona della vita, che il Signore ha promessa a quelli che lo amano. Dio ci mette alla prova non per malvagità, bensì per verificare la nostra fedeltà".

Mentre si alzava dal tronco di acero per ricongiungersi alla folla che lo aspettava, gli posi l'ultima domanda "Mi dica maestro, dov'è ora il suo corpo?"

"A Talpiot potrete trovare il corpo, ma lo spirito è in mezzo a voi. Per sempre".

Mi guardò con i suoi occhi azzurri penetranti, gli accarezzai le frange del mantello e Lui se ne andò.

EPILOGO

Iniziai a scrivere questo libro nel 2009, ma dopo alcuni mesi, riposi le pagine in un cassetto. Non mi sentivo ancora pronto.

Nel corso di questi anni, mi sono documentato attraverso libri, seminari, ho avuto lunghe ed intense conversazioni con teologi, sacerdoti e rabbini. *"Ora sono pronto a finirlo"* -mi sono detto tra me e me e così l'ho terminato.

Ma prima di lasciarci vorrei condividere con voi lettori alcune importanti considerazioni.

Lo studioso per studiare la storia e l'evoluzione di un determinato oggetto utilizza la regola dei cinque principi:

il primo è quello dell'antichità: più un manoscritto è antico, maggiore è la nostra fiducia nel suo rigore. Questo perché il testo di una copia antica è stato meno corrotto di una più recente.

Il secondo criterio è l'abbondanza delle fonti: quanti più fonti tra loro indipendenti dicono la stessa cosa, maggiore è la sicurezza che sia un fatto realmente accaduto.

Il terzo criterio è quello della versione più complessa: quanto più un'informazione risulta difficile e imbarazzante, più si ha certezza che sia vera.

Il quarto criterio è quello del contesto; le informazioni riportate da un testo si inseriscono o meno nell'epoca?

Il quinto criterio è quello della struttura intrinseca del testo, cioè il suo stile di scrittura, il vocabolario utilizzato e anche la teologia del suo autore.

Nei documenti più antichi esistono degli errori accidentali che poi, i copisti, hanno modificato creando errori intenzionali, cioè modificando un errore con una frase generica che, estrapolata dal suo contesto originale, fa cambiare la percezione del testo originale.

L'errore intenzionale nei Vangeli fa cambiare aspetti teologici.

Gli storici non indagano sulla base della fede religiosa, ma traggono le proprie conclusioni sulla base di reperti: resti archeologici o testi, per esempio. Nel caso del Nuovo Testamento, partiamo sostanzialmente da manoscritti. Uno storico deve capire le intenzioni e i condizionamenti dell'autore per scoprire cosa si nasconde dietro a ciò che è scritto.

Gli autori dei Vangeli non volevano solo riportare la vita di Gesù: volevano glorificarlo e convincere gli altri che lui era il messia. *Non esiste un solo testo romano del I secolo che parli di Gesù.*

Il primo romano a far riferimento è Plinio il giovane che nel II secolo, in una lettera all'imperatore Traiano, accenna alla setta dei cristiani e dice che "venerano Cristo come un Dio ". Prima di Plinio, silenzio assoluto. C'è però uno storiografo ebreo tale Giuseppe Flavio, che in un libro sulla storia ebraica scritto nell'anno 90 cita "Gesù". *Ciò significa che le uniche fonti che disponiamo sono solamente cristiane.*

I testi più antichi del nuovo testamento non sono i Vangeli. Sono le epistole di Paolo. Queste lettere chiamate epistole vennero redatte da Paolo ed erano piene di ammonimenti, perché i fedeli si erano allontanati dalla retta via, quella dell'antico testamento degli ebrei e Paolo esortava loro di ritornare a seguirlo.

La prima di queste lettere, giunte a noi, era rivolta alla congregazione di Tessalonicesi. Redatta nel 49 d.c., vent'anni dopo la morte di Gesù. Poi esistono le epistole ai Romani, ai Corinzi.

Importante capire che queste epistole non furono scritte per essere considerate parte delle sacre scritture ma semplicemente lettere.

All'epoca la maggior parte della popolazione era quasi tutta analfabeta e queste lettere venivano lette ad alta voce a tutti. Lo stesso Paolo, nella prima lettera, quella ai Tessalonicesi, raccomanda che *"sia letta a tutti i fratelli"*, testimonianza di una prassi usuale.

Il nuovo testamento consta complessivamente di ventuno epistole, scritte da Paolo e da altri capi spirituali, come Pietro, Giacomo, Giovanni e Giuda ma sappiamo che ne furono scritte molte altre che non si sono conservate.

I vangeli invece hanno una storia diversa.

Inizia tutto con la crocifissione di Gesù. Temendo di venir uccisi dai romani i suoi seguaci fuggirono e si nascosero. Quando venne rivelata la storia della resurrezione, essi uscirono e si stanziarono a Gerusalemme e si misero ad aspettarlo, e, nell'attesa, iniziarono a raccontare di lui.

Bisogna tener presente che i primi seguaci di Gesù erano poveri e analfabeti e non avrebbero mai potuto scrivere le parabole.

Per loro Gesù era in procinto di tornare e salvarli. Le storie che venivano raccontate erano solo per illustrare situazioni utili a trovare soluzioni a problemi che si presentavano. Quindi i primi narratori estraevano dal contesto originale le varie storie e le inserivano in un nuovo contesto. Più il tempo passava, più Lui non tornava, più i primi seguaci invecchiavano e quindi si resero conto della necessità di raccogliere per iscritto le varie storie per farle leggere ad alta voce alle varie comunità.

I vangeli non erano quattro, ma più di trenta.

I primi di cui si hanno notizia furono il vangelo secondo Marco e un vangelo ormai perduto, definito dagli storici la fonte Q, la cui esistenza possiamo dedurla a partire dagli altri vangeli, tra cui Marco e Luca che, grazie all'analisi del testo, sembrano attingere alla stessa fonte primaria.

Il problema era che ogni vangelo presentava una specifica teologia. Alcuni vangeli rappresentavano Gesù come figura esclusivamente umana, altri come divina, altri come divina sotto sembianze umane. Alcuni sostenevano l'esistenza di segreti solo agli iniziati, altri a Gesù che non era neppure morto. Alcuni parlavano non solo di un Dio ma bensì di tre. Per noi, cristiani, i Vangeli presi sono della corrente dei cristiani di Roma. Erano i più organizzati con gerarchia e strutture e, dopo la distruzione del tempio di Gerusalemme, si trasferirono a Roma. Lì, sotto protezione, scelsero i loro Vangeli ed etichettarono gli altri come eretici.

Ecco la nascita dei quattro vangeli che conosciamo: Matteo, Marco, Luca, Giovanni.

E così anche le lettere di Paolo, avendo lo stresso incipit, vennero scelte per essere inserite in possibili sacre scritture.

Il canone venne definito pochi anni dopo l'adozione del cristianesimo da parte di Costantino, circa IV secolo. Lì si stabili che le nuove scritture fossero costituite da ventisette testi: i Vangeli di Luca, Marco, Matteo e Giovanni, che narravano la storia di Gesù più le cronache della vita degli apostoli chiamate appunto Atti degli Apostoli e le varie lettere stilate da loro e, per concludere, l'Apocalisse di Giovanni.

Perché proprio questi? Perché i Vangeli scartati non avevano attinenza con la vita ufficiosa di Gesù, erano troppo fantasiosi e non erano sensati. Quindi gli eretici vennero decodificati come apocrifi. L'unico che può contenere materiale autentico è il vangelo secondo Tommaso. Scoperto nel 1945 a Nag Hammadi, Egitto, non contiene nessun racconto ma solo centoquattordici insegnamenti di Gesù e, secondo gli storici e gli accademici, le citazioni contenute in esso sono più vicine alle parole realmente pronunciate da Gesù, rispetto ai vangeli tradizionali.

La cosa importante da sapere però è che non esistono gli originali dei vangeli del nuovo testamento. Da nessuna parte.

In due soli Vangeli, quello di Matteo e quello di Luca, si parla della verginità della vergine Maria. Marco, tralascia completamente la sua nascita citando solo che era figlio di Giuseppe di Nazareth. Cioè riferisce che Giuseppe era il padre, il che implica una contraddizione con le affermazioni di Matteo e Luca. Ma la cosa più importante è la testimonianza di Paolo, ben più antica dei Vangeli che, nella lettera ai Galati riporta che Dio mandò il suo figlio, nato da una donna. Paolo scriveva in un'epoca di poco successiva ai fatti reali, *ma perché non dice niente sul suo essere vergine?* Se fosse stato vero, Paolo non se lo sarebbe potuto dimenticare.

"Alma". Questa è la parola che, qualcuno, successivamente, ha modificato e reinterpretato. L' Antico testamento fu scritto originalmente in aramaico e, successivamente in aramaico e ebraico. Invece il Nuovo testamento fu scritto in greco.

Alma in ebraico non è vergine, ma giovane donna.

In effetti il profeta Isaia scrisse nell'Antico testamento la *frase "La giovane donna concepirà e partorirà un figlio "*. Non una vergine. Il racconto della sua maternità verginale deriva da un errore di traduzione dell'antico testamento in greco e dalla volontà di Luca e Matteo di ricollegare Gesù alle profezie di Isaia per rafforzare l'idea che fosse figlio di Dio. Per rafforzare questa idea, nella Bibbia vengono spesso modificati il nome padre di Gesù (Giuseppe), togliendo la parola padre e mettendo solo Giuseppe.

Gli unici vangeli che riportano la genealogia di Gesù sono quelli di Matteo e di Luca. La cosa interessante è che entrambi partono dalla linea genealogica di Giuseppe. Se Giuseppe non era il padre biologico di Gesù come mai i due Vangeli motivano la genealogia di Gesù partendo proprio da lui? Perché non esiste una linea che segue Maria?

Nel vangelo secondo Matteo, si fa discendere Gesù da Davide e da

Abramo. Abbiamo quindi 14 generazioni tra Abramo e Davide, il più grande re di Israele. Poi altre 14 generazioni tra questi e la schiavitù degli ebrei a Babilonia, corrispondenti alla distruzione del primo tempio e poi altre 14 generazioni tra tale episodio e Gesù. Quindi Matteo ci sta dicendo che ogni 14 generazioni vi è un fatto divino. Però Matteo ha sbagliato a contare in quando mancano, seguendo le direttive dell'antico testamento, tre generazioni.

Gesù è figlio di Dio?

In tutto il nuovo testamento Gesù viene chiamato figlio di Dio. Oggi questa espressione è associata all'idea che Gesù è Dio in terra. Ma in origine questa espressione aveva un altro significato. Nei salmi, è Davide che è figlio di Dio. Ma, come abbiamo visto prima, Gesù discende o lo fanno discendere da Davide, quindi viene attribuito a lui questo significato: *significa non Dio, ma discendente di Davide e quindi legittimato a reclamare il trono di Israele.*

Nessuno dei quattro evangelisti scrisse i vangeli, lo sapevate? I vangeli vennero solo attribuiti, ma rimangono testi anonimi.

Il primo vangelo, quello di Marco, venne composto tra il 65 e il 70 d.c., quasi quaranta anni dopo la crocifissione di Cristo. I vangeli di Matteo e Luca circa 80/85 d.c. e quello di Giovanni tra il 90 e il 95.

Questi "scritti "circolavano nella comunità di fedeli senza che ne conoscessero gli autori.

Altra correttezza linguistica: Matteo e Giovanni si riferiscono a Gesù e agli apostoli come *loro* e non come *noi*: ciò dimostra che l'autore del testo non era un apostolo. Nel vangelo secondo Giovanni alla fine del testo, l'autore parla del discepolo che Gesù amava. L'autore del vangelo ammette di non essere un apostolo, ma solo uno che ha parlato con un apostolo.

Marco invece non era un discepolo, ma un compagno di Pietro e Luca era un compagno di viaggio di Paolo. Al tempo di Gesù i suoi discepoli erano persone di bassa istruzione, quasi analfabeti, umili e parlavano aramaico e vivevano in campagna, nella Galilea.

Chi ha scritto i vangeli invece? Possiamo dedurre che sono state di sicuro persone erudite, in quanto scrivevano in greco, erano istruite e sicuramente non vivevano in Palestina, visto che non conoscevano con esattezza le usanze giudaiche.

È la Chiesa che ne assegna la paternità. Secondo Eusepio, che conobbe Papai, che scrisse un'opera intorno al I secolo d.c, il cui testo e andato perduto, racconta che egli aveva conosciuto dei cristiani che a loro volta dicevano di aver incontrato degli anziani, i quali affermavano di aver conosciuto dei discepoli che sostenevano di aver conosciuto Marco. Eusepio non cita la fonte di Papai ma le poche informazioni che ci dà sono solo testi di citazioni e non storie.

Il primo riferimento certo ai quattro vangeli canonici fu quello di Ireneo, un capo carismatico di origine galla, e risale all'anno 180.

E' in questo scritto che, in base a suddivisioni, i vangeli furono attribuiti a persone che oggi conosciamo.

I Vangeli quindi furono scritti decenni dopo gli avvenimenti che ri-

portano, da persone che non avevano conosciuto Gesù, che non parlavano la sua lingua, che avevano una diversa cultura e un diverso grado d'istruzione e vivevano in un altro paese. Le uniche cose certe del nuovo testamento sono le sette epistole di Paolo e l'apocalisse di Giovanni, il resto sono solo parole ispirate da Dio.

GESU E LA MORTE IN CROCE

Marco, Luca e Matteo affermano che la crocifissione avvenne il venerdì di Pasqua, Giovanni invece la colloca al giorno precedente.

Durante la crocifissione Gesù sembra aver detto, (così dice Marco), la famosa frase :"Mio Dio, mio Dio, perché mi hai abbandonato?"

Tale frase è esattamente così, come riportato nel salmo 22. Chi l'ascoltò? I discepoli? Ma se erano tutti scappati! (lo scrivono i vangeli).

Le donne? Ma se erano lontane?

E se l'ascolto un soldato romano? Secondo voi capiva l'aramaico?

Tutti concordano però che il terzo giorno Maria Maddalena si recò al sepolcro e lo trovò vuoto.

Giovanni sostiene che Maria Maddalena era sola, Matteo dice che era accompagnata da un'altra Maria, Marco aggiunge Salomè, Luca toglie Salomè e aggiunge Giovanni e menziona altre donne. Alla fine quanti erano?

E poi al sepolcro. Matteo dice che ha incontrato un angelo, Marco lo definisce un giovane, Luca due uomini, Giovanni non menziona nessuno.

E poi cosa successe? Marco assicura che le donne non dissero niente a nessuno, Matteo dice che corsero a dare l'annuncio. A chi? Matteo dice agli apostoli, Luca agli undici e a tutti gli altri, Giovanni afferma che andò solo da Simon Pietro e dall'altro discepolo.

PROFONDE VERITÀ

Per certo siamo di fronte ad un rabbino di Nazareth vissuto in Galilea, uno dei figli del falegname Giuseppe e di sua moglie Maria, che aveva fratelli, che fu battezzato da Giovanni Battista ed ebbe un numero di seguaci composto da pescatori, artigiani e donne della zona, predicava il regno di Dio. Intorno a trent'anni partì per Gerusalemme, fu protagonista di un incidente al tempio, fu arrestato, sottoposto a giudizio e crocifisso. Il resto?

Uno dei problemi relativi alla divinità di Gesù deriva dal fatto che nei testi più antichi neppure lui si sia mai riferito esplicitamente a sé stesso in tali termini.

È solo nell'ultimo vangelo, quello di Giovanni, scritto intorno al 95 d.c. che Gesù indica chiaramente la propria natura divina *"prima che Abramo fosse, Io sono".* però detto questo, secondo le fonti antiche Gesù non fa la stessa cosa, nelle fonti prima di Giovanni nè Paolo, Marco, Matteo e Luca fanno dire a Gesù di essere Dio.

Più si ritorna indietro nelle fonti antiche, meno divino appare Gesù, mentre risulta essere umano, visto che non rivendica mai la propria natura divina.

Addirittura i tre evangelisti dicono che Gesù asserisce di non avere il potere di decidere il giorno e l'ora in cui giungerà il regno di Dio e di non poter conoscere chi siederà alla sua sinistra e alla sua destra.

Quindi Gesù non è onnipotente né onnisciente.

Gli apostoli non pensano che Lui sia Dio ma si concentrano solo sul dire che era una persona cui il Signore aveva conferito poteri speciali. Quindi non è con il battesimo (Marco) né nella concezione (Luca e Matteo) che diventa divino ma, secondo Paolo, durante la crocifissione.

Non era dunque in vita che Egli fu riconosciuto divino, ma una volta morto.

LA SANTISSIMA TRINITÀ

Nel vangelo di Giovanni egli dice che Gesù era Dio creando un problema teologico. Se Dio è Dio e anche Gesù è Dio, quanti Dei abbiamo? Ma le scritture non dicevano che c'era solo un Dio? E poi se Gesù è Dio quindi implica che Egli non era un essere umano? Ma se era morto significava allora che non era Dio?

Furono queste domande a dividere i seguaci di Gesù. Qualcuno pensava che fosse umano e basta, altri solo divino, altri metà uomo e metà divino. Furono i cristiani di

Roma che stabilirono che Gesù e Cristo erano la stessa cosa e al tempo stesso Dio e uomo, fu così che Dio padre e Dio figlio, pur essendo due, divennero una cosa sola. E si aggiunge anche lo Spirito santo. Così nel concilio di Nicea del 325 la Chiesa stabili che Gesù era al cento per cento umano e al cento per cento divino e che Dio padre e Dio figlio e lo Spirito santo, pur essendo tre entità separate in realtà sono la stessa cosa. E aggiunse che il tutto è un mistero della fede.

Gesù, non lo disse mai. Non esiste la Santissima Trinità.

LA VERITÀ

La verità dedotta dai miei studi? Gesù era ebreo dalla testa ai piedi. I suoi genitori erano ebrei, con un figlio ebreo, con altri figli ebrei, che avevano fatto circoncidere e vivevano a Nazareth, piccolo villaggio ebreo. Parlava aramaico, lingua imparentata con l'ebraico e parlata dai Giudei dell'epoca. Ricevette un'educazione ebraica, pregava il dio ebraico, credeva in Mosè e nei profeti ebrei, rispettava le leggi ebraiche. Insegnava le scritture ebraiche e la legge di Mosè. La gente lo chiamava rabbino o rabbi

(Marco). Rabbi significa maestro. Aveva abitudini da giudeo e vestiva da giudeo. Con il tallit, il mantello o manto da preghiera usato dagli ebrei, con le frange. Insegnava a rispettare gli usi e costumi giudaici.

La credenza fondamentale della parola di Gesù fu lo *"shema ebraico",* l'amore verso Dio e la fede nel monoteismo, non l'amore verso il prossimo.

Tutto ciò ha a che fare con Gesù, vita e morte, passa dall'ebraismo.

Ed è qui che si capisce il perché è importante la morte di Gesù.

Lo si capisce con la tradizione ebraica del Yom Kippur, Il giorno dell'espiazione.

Gli ebrei pensano che Dio scriva il destino di ognuno di noi in un libro, il libro della vita e aspetti lo Yom Kippur per dettare il verdetto. Nell'arco di un determinato periodo ognuno confessa i peccati commessi nel corso dell'anno, tenta di ottenerne il perdono e si riconcilia in tal modo con il Signore. La riconciliazione avviene nello Yom Kippur, mediante il sacrificio di un animale. Nel giorno dell'espiazione, il sommo sacerdote entra nel sancta sanctorum e uccide un agnello, riparando dapprima ai propri peccati e poi a quelli del popolo.

Durante la Pasqua ebraica, molta gente veniva da lontano e non portava l'agnello ma lo comprava nel tempio pagandolo con monete create nel tempio.

Ebbene duemila anni fa, arrivò Gesù e quando vide il sistema di scambio e commercio al tempio ne fu offeso. Pensò che il tempio era corrotto ed iniziò una protesta. Le autorità lo bloccarono e lo fecero arrestare. Ma la verità è che Gesù non fu mandato a morte per blasfemia. Nessuno degli apostoli presenziò al processo. Era a porte chiuse. La pena poi se si trattava di blasfemia, sarebbe stata la lapidazione.

La crocifissione era una modalità romana non ebrea ed era riservata solo ai nemici di Roma. Quindi Gesù fu crocefisso dai romani perché lo consideravano una minaccia. "Il re dei giudei", era una minaccia all'autorità di Cesare.

Quello che ci dicono gli evangelisti è che Gesù era l'agnello sacrificale dell'umanità, morendo espiò i peccati di tutti, nello stesso modo in cui il sacrificio degli agnelli lavava i peccati degli ebrei. È in questo senso e solo così che la sua morte significa salvezza per tutti noi.

Ed è proprio l'interpretazione di tale morte da parte dei seguaci di Gesù che determina la prima rottura tra ebraismo e cristianesimo.

Se gli ebrei rifiutavano Gesù, Dio rifiutava gli ebrei. Agli occhi delle persone pagane e poi cristiane, gli ebrei non erano più il popolo eletto.

Il cristianesimo si fonda quindi sulla sua morte. Il cristianesimo nasce dalla negazione dell'ebraismo.

BIBLIOGRAFIA

"La Sacra Bibbia"

"Inchiesta su Gesù "- Corrado Augias

"Inchiesta su Maria "– Corrado Augias

"Il grande romanzo dei Vangeli" - Corrado Augias

"Le ultime diciotto ore di Gesù" - Corrado Augias

"Inchiesta sul Cristianesimo" - Corrado Augias

"Infanzia di Gesù "- Papa Benedetto XVI

"Gesù di Nazaret – Dal battesimo alla trasfigurazione" – Papa Benedetto XVI

"Gesù di Nazaret - Dall'ingresso a Gerusalemme alla risurrezione "- Papa Benedetto XVI

www.ingramcontent.com/pod-product-compliance
Lightning Source LLC
Chambersburg PA
CBHW021436210526
45463CB00002B/538